Speak in a Week®
Essential Verbs
Spanish

Layout and Design by Allison Mason
Illustrated by Gary Currant

Published & Distributed by

Penton Overseas, Inc.
Carlsbad, CA

Speak in a Week®
Essential Verbs
Spanish

Published and distributed by Penton Overseas, Inc.,
1958 Kellogg Avenue, Carlsbad, CA 92008.
www.pentonoverseas.com

Contact publisher by phone at (800) 748-5804
or via email, info@pentonoverseas.com.

First printing 2008
ISBN 978-1-60379-045-1

Contents

¡Bienvenidos! Welcome to Spanish Essential Verbs!
We hope you find the program helpful and easy.

In Spanish, there are three types of verbs: The root + AR, ER, or IR. For example, with the verb llamar, the root is llam, and the ending is ar.

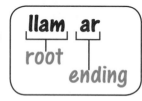

This makes up the infinitive or base verb. In English, infinitives have the word **to** in front of them (**to** walk, **to** sleep, etc.). They don't specify who is doing the action or when– that's what conjugation is for. Our Essential Verbs program teaches you 4 of the most common verb conjugations for 101 key verbs in the Spanish language: Present, Preterite, Imperfect, and Future.

If you are new to Spanish, you'll first need to memorize the personal pronouns to the right, words you can think of as **PEOPLE IDENTIFIERS**. The verb conjugation varies depending on who is doing the action.

Essential Verbs provides complete conjugations for the present, two past tenses (Preterite and Imperfect), and the future.

yo I	**nosotros** we
tú you	**usted** you (formal)
él he	**ustedes** you all
ella she	**ellos** they

People Identifiers

In Spanish, people identifiers are left out of sentences and are only used to emphasize the meaning of the sentence. For example, the sentence I go to the store, would be translated as Voy a la tienda. To emphasize that I am the one doing the activity and not someone else, you would add the people identifier to the sentence: Yo voy a la tienda.

To help you remember which tense to use, we will be using the people identifiers in our conjugations.

It is also important to note that Spanish has evolved differently in Latin American countries than it has in Spain. Just as the accents differ, people identifiers differ as well. In Spain, ustedes (you all) is considered formal, while vosotros (you all informal) is used with friends and family. In Latin America, ustedes is used both for the formal and informal of you all. We have left out the vosotros conjugation since many interactions, in Spain as well as Latin America, will use the formal tense.

Before each verb section common conjugation patterns are identified for verbs that have similar characteristics. You'll also find some **irregular** verbs.

Pay special attention to these verbs which are denoted by an asterisk (*).

These verbs do not follow any sort of pattern. You'll have to memorize those tricky guys one at a time.

Ready to ramp up your español?
Let's go learn verbs! ¡Vamos a aprender los verbos!

Preterite

One thing you must remember about the PRETERITE tense- it is reserved for activities that are COMPLETELY FINISHED. You are referring to one specific occurrence (I DID. I ATE pie. I SLEPT.), not something that you were doing in the past habitually or continually (I used to, I was doing). For activities in the past that were ongoing or repeated, you use the IMPERFECT tense.

Imperfect

The IMPERFECT tense, is a past tense used for actions in the past that were ongoing or repeated (i.e. Yo andaba. = I was walking. Antes compraba leche alli. = I used to buy milk there).

Future

One of the easiest Spanish conjugations is the **Future** tense (i.e. comeré = I will eat). The FUTURE tense is used to talk about future actions. In English the future is usually expressed with the auxiliary will or with to be going to.

AR Verbs

One of the easiest ways to remember verbs is to learn the PATTERNS that go along with conjugation. Let's look at the Spanish patterns for the AR verbs (i.e. bajar, estudiar, preguntar).

Most AR verbs follow this pattern, however there are always exceptions to rules. These exceptions are denoted by an asterisk (*).

AR Verbs		Present	Preterite	Imperfect	Future
yo	I	root + o	root + é	root + aba	infin. + é
tú	you	root + as	root + aste	root + abas	infin. + ás
él/ ella/ usted	he/she/you (formal)	root + a	root + ó	root + aba	infin. + á
nosotros	we	root + amos	root + amos	root + ábamos	infin. + emos
ustedes/ ellos/ellas	you all/they (masc./fem.)	root + an	root + aron	root + aban	infin. + án

Anotar
To Note

María anotó lo que dijo el profesor.
Maria noted what her professor said.

	Present	Preterite	Imperfect	Future
yo	anoto	anoté	anotaba	anotaré
tú	anotas	anotaste	anotabas	anotarás
él/ella/usted	anota	anotó	anotaba	anotará
nosotros	anotamos	anotamos	anotábamos	anotaremos
ustedes/ellos/ellas	anotan	anotaron	anotaban	anotarán

EXAMPLE:

Anotas los cambios en el reglamento.
You note the change in procedure.

Andar
To Walk

Andaré del otro lado de la calle.
I will walk across the street.

	Present	Preterite	Imperfect	Future
yo	ando	anduve	andaba	andaré
tú	andas	anduviste	andabas	andarás
él/ella/ usted	anda	anduvo	andaba	andará
nosotros	andamos	anduvimos	andábamos	andaremos
ustedes/ ellos/ellas	andan	anduvieron	andaban	andarán

EXAMPLE:

Andaré por la calle.
I will walk down the street.

Ayudar
To Help

Carl ayudó a su abuela a cruzar la calle.

Carl helped his grandmother to cross the road.

	Present	Preterite	Imperfect	Future
yo	ayudo	ayudé	ayudaba	ayudaré
tú	ayudas	ayudaste	ayudabas	ayudarás
él/ella/ usted	ayuda	ayudó	ayudaba	ayudará
nosotros	ayudamos	ayudamos	ayudábamos	ayudaremos
ustedes/ ellos/ellas	ayudan	ayudaron	ayudaban	ayudarán

EXAMPLE:

¿Me puedes ayudar a salir del carro?
Can you help me out of the car?

Bajar
To Go Down

El ascensor baja.
The elevator is going down.

	Present	Preterite	Imperfect	Future
yo	bajo	bajé	bajaba	bajaré
tú	bajas	bajaste	bajabas	bajarás
él/ella/ usted	baja	bajó	bajaba	bajará
nosotros	bajamos	bajamos	bajábamos	bajaremos
ustedes/ ellos/ellas	bajan	bajaron	bajaban	bajarán

EXAMPLE: El ascensor está estropeado y necesito bajar las escaleras.
The elevator is broken so I need to go down the stairs.

Buscar
To Look For

El chico buscó pájaros exóticos con sus binoculares.

The boy looked for rare birds with his binoculars.

	Present	Preterite	Imperfect	Future
yo	busco	busqué	buscaba	buscaré
tú	buscas	buscaste	buscabas	buscarás
él/ella/ usted	busca	buscó	buscaba	buscará
nosotros	buscamos	buscamos	buscábamos	buscaremos
ustedes/ ellos/ellas	buscan	buscaron	buscaban	buscarán

EXAMPLE:

Busco una farmacia. ¿Hay una por aquí cerca?
I am looking for a pharmacy. Is there one near here?
I look

Cambiar(se)
To Change

Es hora de cambiarse y ponerse el pijama!
It is time to change into your pajamas!

Cambiar(se)

	Present	Preterite	Imperfect	Future
yo	cambio	cambié	cambiaba	cambiaré
tú	cambias	cambiaste	cambiabas	cambiarás
él/ella/ usted	cambia	cambió	cambiaba	cambiará
nosotros	cambiamos	cambiamos	cambiábamos	cambiaremos
ustedes/ ellos/ellas	cambian	cambiaron	cambiaban	cambiarán

REFLEXIVE EXAMPLE:

Cambias tu rueda pinchada ràpidamente.
Change your flat tire fast.

Caminar
To Walk

Me gusta caminar por el
bosque hasta el parque.
I like to walk through the
woods to the park.

	Present	Preterite	Imperfect	Future
yo	camino	caminé	caminaba	caminaré
tú	caminas	caminaste	caminabas	caminarás
él/ella/ usted	camina	caminó	caminaba	caminará
nosotros	caminamos	caminamos	caminábamos	caminaremos
ustedes/ ellos/ellas	caminan	caminaron	caminaban	caminarán

EXAMPLE:

He caminado por Barcelona.
I have walked throughout Barcelona.

Cansarse
To Tire

Esta carrera me ha cansado.
This race has tired me out.

	Present	Preterite	Imperfect	Future
yo	me canso	me cansé	me cansaba	me cansaré
tú	te cansas	te cansaste	te cansabas	te cansarás
él/ella/usted	se cansa	se cansó	se cansaba	se cansará
nosotros	nos cansamos	nos cansamos	nos cansábamos	nos cansaremos
ustedes/ellos/ellas	se cansan	se cansaron	se cansaban	se cansarán

EXAMPLE: Empiezo a cansarme de jugar a este juego todo el día.
I'm beginning to tire from playing this game all day.

Cantar
To Sing

El hombre cantó la Carmen de
Bizet en la opera.
**The man sang Bizet's Carmen
at the opera.**

	Present	Preterite	Imperfect	Future
yo	canto	canté	cantaba	cantaré
tú	cantas	cantaste	cantabas	cantarás
él/ella/ usted	canta	cantó	cantaba	cantará
nosotros	cantamos	cantamos	cantábamos	cantaremos
ustedes/ ellos/ellas	cantan	cantaron	cantaban	cantarán

Mi madre cantaba cuando yo era joven.

EXAMPLE: My mother used to sing to me when I was young.

Cerrar *
To close

¿Podría cerrar la puerta por favor?
Could you please close the door?

	Present	Preterite	Imperfect	Future
yo	cierro	cerré	cerraba	cerraré
tú	cierras	cerraste	cerrabas	cerrarás
él/ella/ usted	cierra	cerró	cerraba	cerrará
nosotros	cerramos	cerramos	cerrábamos	cerraremos
ustedes/ ellos/ellas	cierran	cerraron	cerraban	cerrarán

EXAMPLE:

¡Cierra la puerta de la nevera, por favor!
Close the refrigerator door, please!

Comenzar *
To Begin

El chico comenzó la carrera.
The boy began the race.

	Present	Preterite	Imperfect	Future
yo	comienzo	comencé	comenzaba	comenzaré
tú	comienzas	comenzaste	comenzabas	comenzarás
él/ella/ usted	comienza	comenzó	comenzaba	comenzará
nosotros	comenzamos	comenzamos	comenzábamos	comenzaremos
ustedes/ ellos/ellas	comienzan	comenzaron	comenzaban	comenzarán

EXAMPLE:

Primero, miro la televisión y luego comienzo a estudiar.
First, I watch TV and then I begin studying.

Comprar
To Buy

I will buy my lunch today.
Compraré mi almuerzo hoy.

	Present	Preterite	Imperfect	Future
yo	compro	compré	compraba	compraré
tú	compras	compraste	comprabas	comprarás
él/ella/ usted	compra	compró	compraba	comprará
nosotros	compramos	compramos	comprábamos	compraremos
ustedes/ ellos/ellas	compran	compraron	compraban	comprarán

EXAMPLE:
Necesito comprar unas flores para mi abuela que está enferma.
I need to buy some flowers for my ill grandmother.

Costar *
To Cost

Esto no debería de costar demasiado.
This should not cost too much.

	Present	Preterite	Imperfect	Future
yo	cuesto	costé	costaba	costaré
tú	cuestas	costaste	costabas	costarás
él/ella/ usted	cuesta	costó	costaba	costará
nosotros	costamos	costamos	costábamos	costaremos
ustedes/ ellos/ellas	cuestan	costaron	costaban	costarán

Este anillo de diamantes cuesta demasiado.

EXAMPLE: This diamond ring costs too much.

Cuidar
To Take Care Of

La madre cuida de su bebé.
The mother takes care of her baby.

	Present	Preterite	Imperfect	Future
yo	cuido	cuidé	cuidaba	cuidaré
tú	cuidas	cuidaste	cuidabas	cuidarás
él/ella/ usted	cuida	cuidó	cuidaba	cuidará
nosotros	cuidamos	cuidamos	cuidábamos	cuidaremos
ustedes/ ellos/ellas	cuidan	cuidaron	cuidaban	cuidarán

EXAMPLE:

Lisa cuidó de su hermano que estaba enfermo.
Lisa took care of her brother when he was sick.

Dar
To Give

Le dió el regalo de cumpleaños antes.
He gave her the birthday present early.

Dar

	Present	Preterite	Imperfect	Future
yo	doy	di	daba	daré
tú	das	diste	dabas	darás
él/ella/usted	da	dio	daba	dará
nosotros	damos	dimos	dábamos	daremos
ustedes/ellos/ellas	dan	dieron	daban	darán

EXAMPLE:

Darán ustedes un recibo por su compra.
I will give you a receipt for that purchase.

Dejar
To Leave Behind

El hombre dejó su maletín.
The man left behind his briefcase.

Dejar

	Present	Preterite	Imperfect	Future
yo	dejo	dejé	dejaba	dejaré
tú	dejas	dejaste	dejabas	dejarás
él/ella/ usted	deja	dejó	dejaba	dejará
nosotros	dejamos	dejamos	dejábamos	dejaremos
ustedes/ ellos/ellas	dejan	dejaron	dejaban	dejarán

EXAMPLE:
¡No me puedo creer que me dejé mi chaqueta favorita!
I can't believe I left behind my favorite jacket!

Despertarse *
To Wake Up

El niño se despertó temprano el sábado.
The boy woke up early on Saturday.

	Present	Preterite	Imperfect	Future
yo	me despierto	me desperté	me despertaba	me despertaré
tú	te despiertas	te despertaste	te despertabas	te despertarás
él/ella/ usted	se despierta	se despertó	se despertaba	se despertará
nosotros	nos despertamos	nos despertamos	nos despertábamos	nos despertaremos
ustedes/ ellos/ellas	se despiertan	se despertaron	se despertaban	se despertarán

EXAMPLE:

Anna se despertó a las 8 de la mañana.
Anna woke up at 8 in the morning.

Disfrutar
To Enjoy

Disfruta la música rock.
She enjoys rock 'n' roll music.

	Present	Preterite	Imperfect	Future
yo	disfruto	disfruté	disfrutaba	disfrutaré
tú	disfrutas	disfrutaste	disfrutabas	disfrutarás
él/ella/ usted	disfruta	disfrutó	disfrutaba	disfrutará
nosotros	disfrutamos	disfrutamos	disfrutábamos	disfrutaremos
ustedes/ ellos/ellas	disfrutan	disfrutaron	disfrutaban	disfrutarán

EXAMPLE:

Disfruto el partido de fútbol, especialmente porque ganó nuestro equipo.

I really enjoyed the soccer game, especially since our team won.

Durar
To Last

Las pirámides han durado
miles de años.
**The pyramids have lasted for
thousands of years.**

	Present	Preterite	Imperfect	Future
yo	duro	duré	duraba	duraré
tú	duras	duraste	durabas	durarás
él/ella/ usted	dura	duró	duraba	durará
nosotros	duramos	duramos	durábamos	duraremos
ustedes/ ellos/ellas	duran	duraron	duraban	durarán

To Last

EXAMPLE:

El vuelo duró mucho tiempo.
The flight lasted a long time.

Echar
To Throw / Fling

El niño echó la pelota muy fuerte.
The boy threw the ball very hard.

	Present	Preterite	Imperfect	Future
yo	echo	eché	echaba	echaré
tú	echas	echaste	echabas	echarás
él/ella/ usted	echa	echó	echaba	echará
nosotros	echamos	echamos	echábamos	echaremos
ustedes/ ellos/ellas	echan	echaron	echaban	echarán

EXAMPLE:

Échame la pelota a mi.
Throw the ball to me.

Encantar
To Please/To Like

El mago nos encantó con su magia.

The wizard pleased us all with his magic.

	Present	Preterite	Imperfect	Future
yo	encanto	encanté	encantaba	encantaré
tú	encantas	encantaste	encantabas	encantarás
él/ella/ usted	encanta	encantó	encantaba	encantará
nosotros	encantamos	encantamos	encantábamos	encantaremos
ustedes/ ellos/ellas	encantan	encantaron	encantaban	encantarán

EXAMPLE:

Me encanta Barcelona.
I love/like Barcelona.

Encontrar *
To Find

Jack encontró finalmente su tesoro perdido desde hacía mucho tiempo.

Jack finally found his long lost treasure.

	Present	Preterite	Imperfect	Future
yo	encuentro	encontré	encontraba	encontraré
tú	encuentras	encontraste	encontrabas	encontrarás
él/ella/ usted	encuentra	encontró	encontraba	encontrará
nosotros	encontramos	encontramos	encontrábamos	encontraremos
ustedes/ ellos/ellas	encuentran	encontraron	encontraban	encontrarán

To Find

EXAMPLE: Nos vamos de viaje y tenemos que encontrar a una babysitter.
We are going out of town and need to find a babysitter.

Escuchar
To Listen To

Escuchó la radio con sus auriculares.

She listened to the radio through her headphones.

	Present	Preterite	Imperfect	Future
yo	escucho	escuché	escuchaba	escucharé
tú	escuchas	escuchaste	escuchabas	escucharás
él/ella/ usted	escucha	escuchó	escuchaba	escuchará
nosotros	escuchamos	escuchamos	escuchábamos	escucharemos
ustedes/ ellos/ellas	escuchan	escucharon	escuchaban	escucharán

EXAMPLE:

Escuchas a tu madre.
You listen to your mother

Esperar
To Wait For/ To Hope

Sebastian esperaba el autobús todos los martes.
Sebastian waited for the bus every Tuesday.

	Present	Preterite	Imperfect	Future
yo	espero	esperé	esperaba	esperaré
tú	esperas	esperaste	esperabas	esperarás
él/ella/ usted	espera	esperó	esperaba	esperará
nosotros	esperamos	esperamos	esperábamos	esperaremos
ustedes/ ellos/ellas	esperan	esperaron	esperaban	esperarán

EXAMPLE:

Te esperaré fuera en el banco.
I will wait for you on the bench outside.

Estar *
To Be

Estoy enferme con gripe esta semana.
I am sick with the flu this week.

	Present	Preterite	Imperfect	Future
yo	estoy	estuve	estaba	estaré
tú	estás	estuviste	estabas	estarás
él/ella/ usted	está	estuvo	estaba	estará
nosotros	estamos	estuvimos	estábamos	estaremos
ustedes/ ellos/ellas	están	estuvieron	estaban	estarán

EXAMPLE:

Hoy estoy enfermo con fiebre.
I am sick today with a fever.

Estudiar
To Study

Michael estudiaba todas las noches después de la cena.
Michael studied every night after dinner.

	Present	Preterite	Imperfect	Future
yo	estudio	estudié	estudiaba	estudiaré
tú	estudias	estudiaste	estudiabas	estudiarás
él/ella/ usted	estudia	estudió	estudiaba	estudiará
nosotros	estudiamos	estudiamos	estudiábamos	estudiaremos
ustedes/ ellos/ellas	estudian	estudiaron	estudiaban	estudiarán

EXAMPLE:

Gloria estudia para su examen.
Gloria studies for her exam.

Funcionar
To Function

La caja de cambio funciona
perfectamente.
The gears are functioning properly.

	Present	Preterite	Imperfect	Future
yo	funciono	funcioné	funcionaba	funcionaré
tú	funcionas	funcionaste	funcionabas	funcionarás
él/ella/ usted	funciona	funcionó	funcionaba	funcionará
nosotros	funcionamos	funcionamos	funcionábamos	funcionaremos
ustedes/ ellos/ellas	funcionan	funcionaron	funcionaban	funcionarán

EXAMPLE:

La radio ya no funciona bien.
The radio is not functioning properly.

Guardar
To Guard

El hombre guardó la corona del Rey.
The man guarded the King's crown.

	Present	Preterite	Imperfect	Future
yo	guardo	guardé	guardaba	guardaré
tú	guardas	guardaste	guardabas	guardarás
él/ella/ usted	guarda	guardó	guardaba	guardará
nosotros	guardamos	guardamos	guardábamos	guardaremos
ustedes/ ellos/ellas	guardan	guardaron	guardaban	guardarán

EXAMPLE:

El perro guarda la casa.
The dog guards the house.

Hablar
To Speak

El candidato le habló a la audiencia durante veinte minutos.
The candidate spoke to the audience for twenty minutes.

	Present	Preterite	Imperfect	Future
yo	hablo	hablé	hablaba	hablaré
tú	hablas	hablaste	hablabas	hablarás
él/ella/usted	habla	habló	hablaba	hablará
nosotros	hablamos	hablamos	hablábamos	hablaremos
ustedes/ellos/ellas	hablan	hablaron	hablaban	hablarán

EXAMPLE:
Hablaré con el encargado sobre este producto.
I will speak to the manager about this product.

Jugar *
To Play

Thomas jugó el día entero con sus juguetes.
Thomas played all day with his toys.

	Present	Preterite	Imperfect	Future
yo	juego	jugué	jugaba	jugaré
tú	juegas	jugaste	jugabas	jugarás
él/ella/ usted	juega	jugó	jugaba	jugará
nosotros	jugamos	jugamos	jugábamos	jugaremos
ustedes/ ellos/ellas	juegan	jugaron	jugaban	jugarán

EXAMPLE:

Jugamos al ajedrez juntos.
We play chess together.

Lavar
To Wash

Lavaré las ventanas hoy.
I will wash the windows today.

	Present	Preterite	Imperfect	Future
yo	lavo	lavé	lavaba	lavaré
tú	lavas	lavaste	lavabas	lavarás
él/ella/ usted	lava	lavó	lavaba	lavará
nosotros	lavamos	lavamos	lavábamos	lavaremos
ustedes/ ellos/ellas	lavan	lavaron	lavaban	lavarán

EXAMPLE:

Christopher lavó los platos.
Christopher washed the dishes.

Llamar (se)
To Call

Le llamaré mañana.
I will call you tomorrow.

Llamar (se)

	Present	Preterite	Imperfect	Future
yo	llamo	llamé	llamaba	llamaré
tú	llamas	llamaste	llamabas	llamarás
él/ella/usted	llama	llamó	llamaba	llamará
nosotros	llamamos	llamamos	llamábamos	llamaremos
ustedes/ellos/ellas	llaman	llamaron	llamaban	llamarán

EXAMPLE:

Por favor, llama a Johnny para cenar.
Please call Johnny in for dinner.

Llegar
To Arrive

El avión de mi padre llegó a tiempo.
My father's plane arrived on time.

	Present	Preterite	Imperfect	Future
yo	llego	llegué	llegaba	llegaré
tú	llegas	llegaste	llegabas	llegarás
él/ella/usted	llega	llegó	llegaba	llegará
nosotros	llegamos	llegamos	llegábamos	llegaremos
ustedes/ellos/ellas	llegan	llegaron	llegaban	llegarán

EXAMPLE:
Nuestro avión llegará al aeropuerto a tiempo.
Our plane will arrive at the airport on time.

Llevar
To Take/ Carry

Mi madre llevó las comprar al carro.

My mother carried her groceries to the car.

	Present	Preterite	Imperfect	Future
yo	llevo	llevé	llevaba	llevaré
tú	llevas	llevaste	llevabas	llevarás
él/ella/usted	lleva	llevó	llevaba	llevará
nosotros	llevamos	llevamos	llevábamos	llevaremos
ustedes/ellos/ellas	llevan	llevaron	llevaban	llevarán

EXAMPLE:

Llevaré yo las bolsas del supermercado.
I will take my jacket because it is cold out.

Lograr
To Achieve

Stephen logró su meta de escalar hasta lo alto de la montaña.

Stephen achieved his goal of climbing to the top of the mountain.

	Present	Preterite	Imperfect	Future
yo	logro	logré	lograba	lograré
tú	logras	lograste	lograbas	lograrás
él/ella/usted	logra	logró	lograba	logrará
nosotros	logramos	logramos	lográbamos	lograremos
ustedes/ellos/ellas	logran	lograron	lograban	lograrán

EXAMPLE:

Nosotros logramos nuestras metas para la compañía.
We have achieved our goals for the company.

Mandar
To Order/ Send

El oficial le mandó al soldado que alzara la bandera.
The officer ordered the soldier to raise the flag.

	Present	Preterite	Imperfect	Future
yo	mando	mandé	mandaba	mandaré
tú	mandas	mandaste	mandabas	mandarás
él/ella/ usted	manda	mandó	mandaba	mandará
nosotros	mandamos	mandamos	mandábamos	mandaremos
ustedes/ ellos/ellas	mandan	mandaron	mandaban	mandarán

EXAMPLE:

Julia mandó un paquete a su hermana.
Julia sent a package to her sister.

Manejar
To Drive/ Handle

Alice maneja el carro todos los días.
Alice drives to work everyday.

	Present	Preterite	Imperfect	Future
yo	manejo	manejé	manejaba	manejaré
tú	manejas	manejaste	manejabas	manejarás
él/ella/ usted	maneja	manejó	manejaba	manejará
nosotros	manejamos	manejamos	manejábamos	manejaremos
ustedes/ ellos/ellas	manejan	manejaron	manejaban	manejarán

EXAMPLE:

Manejó su carro con mucho cuidado.
He drove his car very carefully.

Mirar
To Look At

Miró el mapa con una lupa.
He looked at the map with a magnifying glass.

	Present	Preterite	Imperfect	Future
yo	miro	miré	miraba	miraré
tú	miras	miraste	mirabas	mirarás
él/ella/ usted	mira	miró	miraba	mirará
nosotros	miramos	miramos	mirábamos	miraremos
ustedes/ ellos/ellas	miran	miraron	miraban	mirarán

EXAMPLE:

Los oficiales de aduanas miran su pasaporte.
The Custom officials look at your passport.

Necesitar
To Need

¡Necesito gasolina para mi carro!
I need gas for my car!

	Present	Preterite	Imperfect	Future
yo	necesito	necesité	necesitaba	necesitaré
tú	necesitas	necesitaste	necesitabas	necesitarás
él/ella/usted	necesita	necesitó	necesitaba	necesitará
nosotros	necesitamos	necesitamos	necesitábamos	necesitaremos
ustedes/ellos/ellas	necesitan	necesitaron	necesitaban	necesitarán

EXAMPLE: No tengo gasolina y necesito llenar el depósito del carro.
I am out of gas and I need to fill up my car.

Olvidar(se)
To Forget

Olga olvidó del código de su caja fuerte.
Olga forgot her locker combination.

90

	Present	Preterite	Imperfect	Future
yo	olvido	olvidé	olvidaba	olvidaré
tú	olvidas	olvidaste	olvidabas	olvidarás
él/ella/ usted	olvida	olvidó	olvidaba	olvidará
nosotros	olvidamos	olvidamos	olvidábamos	olvidaremos
ustedes/ ellos/ellas	olvidan	olvidaron	olvidaban	olvidarán

EXAMPLE:

Lo siento, me olvidé de su nombre.
I am so sorry, I forgot your name.

Ordenar
To Order/ Arrange

Ordenamos los bolos para
nuestra próxima partida.
**We arranged the bowling pins
for the next game.**

	Present	Preterite	Imperfect	Future
yo	ordeno	ordené	ordenaba	ordenaré
tú	ordenas	ordenaste	ordenabas	ordenarás
él/ella/ usted	ordena	ordenó	ordenaba	ordenará
nosotros	ordenamos	ordenamos	ordenábamos	ordenaremos
ustedes/ ellos/ellas	ordenan	ordenaron	ordenaban	ordenarán

EXAMPLE:

Mi padre ordenó los muebles en esta sala.
My dad arranged the furniture in this room.

Pagar
To Pay

Pagué al vendedor en especies.
I paid the salesman in cash.

	Present	Preterite	Imperfect	Future
yo	pago	pagué	pagaba	pagaré
tú	pagas	pagaste	pagabas	pagarás
él/ella/usted	paga	pagó	pagaba	pagará
nosotros	pagamos	pagamos	pagábamos	pagaremos
ustedes/ellos/ellas	pagan	pagaron	pagaban	pagarán

To Pay

EXAMPLE:

Daniel pagará la factura en caja.
Daniel will pay the bill at the counter.

Parar
To Stop

El policía paró todo el tráfico.
The policeman stopped all traffic.

	Present	Preterite	Imperfect	Future
yo	paro	paré	paraba	pararé
tú	paras	paraste	parabas	pararás
él/ella/ usted	para	paró	paraba	parará
nosotros	paramos	paramos	parábamos	pararemos
ustedes/ ellos/ellas	paran	pararon	paraban	pararán

EXAMPLE:

Tom paró el carro a un lado de la carretera.
Tom stopped the car on the side of the road.

Pensar *
To Think

A menudo pensó cómo quería
que fuese su carrera.

**She often thought about what
she wanted her career to be.**

	Present	Preterite	Imperfect	Future
yo	pienso	pensé	pensaba	pensaré
tú	piensas	pensaste	pensabas	pensarás
él/ella/ usted	piensa	pensó	pensaba	pensará
nosotros	pensamos	pensamos	pensábamos	pensaremos
ustedes/ ellos/ellas	piensan	pensaron	pensaban	pensarán

EXAMPLE:

Pensó que era una canción muy bonita .
She thought it was a beautiful song.

Preguntar
To Ask

Preguntaré a mi jefe si la mezcla de productos químicos es mala.

I will ask my boss if mixing chemicals is bad.

	Present	Preterite	Imperfect	Future
yo	pregunto	pregunté	preguntaba	preguntaré
tú	preguntas	preguntaste	preguntabas	preguntarás
él/ella/ usted	pregunta	preguntó	preguntaba	preguntará
nosotros	preguntamos	preguntamos	preguntábamos	preguntaremos
ustedes/ ellos/ellas	preguntan	preguntaron	preguntaban	preguntarán

EXAMPLE:

Preguntaré a mi madre si me puedo salir.
I will ask my mother if I can go out.

Prestar

Prestar
To Loan

Le presté a los vecinos unas herramientas.
I loaned the neighbor some tools.

102

	Present	Preterite	Imperfect	Future
yo	presto	presté	prestaba	prestaré
tú	prestas	prestaste	prestabas	prestarás
él/ella/ usted	presta	prestó	prestaba	prestará
nosotros	prestamos	prestamos	prestábamos	prestaremos
ustedes/ ellos/ellas	prestan	prestaron	prestaban	prestarán

EXAMPLE:

Tengo que pedir prestado un bolígrafo.
¿Me puedes prestar el tuyo?
I need to borrow a pen. Can you loan me yours?

Probar *
To Try/Test

Probé el agua y no está muy fría.
I tried the water and it's not too cold.

	Present	Preterite	Imperfect	Future
yo	pruebo	probé	probaba	probaré
tú	pruebas	probaste	probabas	probarás
él/ella/ usted	prueba	probó	probaba	probará
nosotros	probamos	probamos	probábamos	probaremos
ustedes/ ellos/ellas	prueban	probaron	probaban	probarán

EXAMPLE:

Andrew quiso probar cada plato del menu.
Andrew wanted to try every dish on the menu.

Quedarse
To Stay

El perrito se quedó donde estaba.
The puppy stayed where he was.

	Present	Preterite	Imperfect	Future
yo	me quedo	me quedé	me quedaba	me quedaré
tú	te quedas	te quedaste	te quedabas	te quedarás
él/ella/usted	se queda	se quedó	se quedaba	se quedará
nosotros	nos quedamos	nos quedamos	nos quedábamos	nos quedaremos
ustedes/ellos/ellas	se quedan	se quedaron	se quedaban	se quedarán

EXAMPLE:

Nos quedamos en la fiesta una hora más.
We stayed at the party for an extra hour.

Recordar *
To Remember

Anthony se recordó que tenía hoy una cita.

Anthony remembered he had an appointment today.

	Present	Preterite	Imperfect	Future
yo	recuerdo	recordé	recordaba	recordaré
tú	recuerdas	recordaste	recordabas	recordarás
él/ella/ usted	recuerda	recordó	recordaba	recordará
nosotros	recordamos	recordamos	recordábamos	recordaremos
ustedes/ ellos/ellas	recuerdan	recordaron	recordaban	recordarán

EXAMPLE:

¡Te recuerdo de la escuela!
I remember you from school!

Regresar
To Return

El niño regresó a su partido de fútbol.

The boy returned to his game of soccer.

	Present	Preterite	Imperfect	Future
yo	regreso	regresé	regresaba	regresaré
tú	regresas	regresaste	regresabas	regresarás
él/ella/ usted	regresa	regresó	regresaba	regresará
nosotros	regresamos	regresamos	regresábamos	regresaremos
ustedes/ ellos/ellas	regresan	regresaron	regresaban	regresarán

EXAMPLE:

Regresaré de España en Julio.
I will return from Spain in July.

Sacar
To Take Out

El mago sacó el conejo del sombrero.
The magician took the rabbit out of the hat.

112

	Present	Preterite	Imperfect	Future
yo	saco	saqué	sacaba	sacaré
tú	sacas	sacaste	sacabas	sacarás
él/ella/ usted	saca	sacó	sacaba	sacará
nosotros	sacamos	sacamos	sacábamos	sacaremos
ustedes/ ellos/ellas	sacan	sacaron	sacaban	sacarán

EXAMPLE:

Sacas la comida de su envoltorio.
Take the food out of the package.

Sentarse *
To Sit Down

Me siento en la silla.
I sit on the chair.

	Present	Preterite	Imperfect	Future
yo	me siento	me senté	me sentaba	me sentaré
tú	te sientas	te sentaste	te sentabas	te sentarás
él/ella/ usted	se sienta	se sentó	se sentaba	se sentará
nosotros	nos sentamos	nos sentamos	nos sentábamos	nos sentaremos
ustedes/ ellos/ellas	se sientan	se sentaron	se sentaban	se sentarán

EXAMPLE: Todo el mundo se sentó antes de que la Opera empezara.
Everyone sat down before the Opera could begin.

Tardar
To Last/To Take Time

Antonio tarda mucho en llegar.
¿Le habrá pasado algo?

**Antonio is taking a long time
to come. Would something
have happened to him?**

	Present	Preterite	Imperfect	Future
yo	tardo	tardé	tardaba	tardaré
tú	tardas	tardaste	tardabas	tardarás
él/ella/usted	tarda	tardó	tardaba	tardará
nosotros	tardamos	tardamos	tardábamos	tardaremos
ustedes/ellos/ellas	tardan	tardaron	tardaban	tardarán

EXAMPLE: El viaje a Argentina desde Estados Unidos tarda mucho.
The trip to Argentina from the US lasts a long time.

Terminar
To Finish

Marisa terminó primera en la carrera.
Marisa finished first in the race.

	Present	Preterite	Imperfect	Future
yo	termino	terminé	terminaba	terminaré
tú	terminas	terminaste	terminabas	terminarás
él/ella/ usted	termina	terminó	terminaba	terminará
nosotros	terminamos	terminamos	terminábamos	terminaremos
ustedes/ ellos/ellas	terminan	terminaron	terminaban	terminarán

To Finish

EXAMPLE:
¿Cuándo terminarás tu proyecto para la escuela?
When will you finish your project for school?

Tirar
To Throw

Tira la basura en el basurero.
He throws the trash in the bin.

Tirar

	Present	Preterite	Imperfect	Future
yo	tiro	tiré	tiraba	tiraré
tú	tiras	tiraste	tirabas	tirarás
él/ella/ usted	tira	tiró	tiraba	tirará
nosotros	tiramos	tiramos	tirábamos	tiraremos
ustedes/ ellos/ellas	tiran	tiraron	tiraban	tirarán

EXAMPLE:

Tiras la basura.
You throw away that garbage.

Tocar
To Touch/ Play

Sé cómo tocar el piano.
I know how to play the piano.

	Present	Preterite	Imperfect	Future
yo	toco	toqué	tocaba	tocaré
tú	tocas	tocaste	tocabas	tocarás
él/ella/ usted	toca	tocó	tocaba	tocará
nosotros	tocamos	tocamos	tocábamos	tocaremos
ustedes/ ellos/ellas	tocan	tocaron	tocaban	tocará

EXAMPLE:

Toco el violín y el piano.
I play the violin and the piano.

Tomar
To Take

Tomé las compras y las llevé a casa.
I took the groceries home.

	Present	Preterite	Imperfect	Future
yo	tomo	tomé	tomaba	tomaré
tú	tomas	tomaste	tomabas	tomarás
él/ella/ usted	toma	tomó	tomaba	tomará
nosotros	tomamos	tomamos	tomábamos	tomaremos
ustedes/ ellos/ellas	toman	tomaron	tomaban	tomarán

EXAMPLE:

Tomaré una sopa caliente porque hace frío fuera.
I will take hot soup because it is cold out.

Trabajar
To Work

Tim trabaja fuera en el jardín.
Tim is working outside in the yard.

	Present	Preterite	Imperfect	Future
yo	trabajo	trabajé	trabajaba	trabajaré
tú	trabajas	trabajaste	trabajabas	trabajarás
él/ella/usted	trabaja	trabajó	trabajaba	trabajará
nosotros	trabajamos	trabajamos	trabajábamos	trabajaremos
ustedes/ellos/ellas	trabajan	trabajaron	trabajaban	trabajarán

EXAMPLE:

Trabajaré en mi carro averiado.
I will work on my broken car.

Tratar
To Try / To Treat

Trató de levantar pesas muy pesadas.
He tried to lift the very heavy weights.

Tratar

	Present	Preterite	Imperfect	Future
yo	trato	traté	trataba	trataré
tú	tratas	trataste	tratabas	tratarás
él/ella/ usted	trata	trató	trataba	tratará
nosotros	tratamos	tratamos	tratábamos	trataremos
ustedes/ ellos/ellas	tratan	trataron	trataban	tratarán

EXAMPLE:

Tengo que intentar tratar este problema.
I have to try to deal with this problem.

Viajar
To Travel

Mi tío viajó en autobús.
My uncle traveled by bus.

	Present	Preterite	Imperfect	Future
yo	viajo	viajé	viajaba	viajaré
tú	viajas	viajaste	viajabas	viajarás
él/ella/ usted	viaja	viajó	viajaba	viajará
nosotros	viajamos	viajamos	viajábamos	viajaremos
ustedes/ ellos/ellas	viajan	viajaron	viajaban	viajarán

EXAMPLE:

Viajaré a Espagña este verano.
I will travel to Spain this summer.

ER Verbs

Like AR verbs, ER verbs (i.e. comer, leer, vender) have a pattern
which many follow.   Make sure to memorize the IRREGULAR verbs,
denoted by an asterisk (*).

ER Verbs		Present	Preterite	Imperfect	Future
yo	I	root + o	root + í	root + ía	infin. + é
tú	you	root + es	root + iste	root + ías	infin. + ás
él/ ella/ usted	he/she/you (formal)	root + e	root + ío	root + ía	infin. + á
nosotros	we	root + emos	root + imos	root + íamos	infin. + emos
ustedes/ ellos/ellas	you all/they (masc./fem.)	root + en	root + eron	root + ían	infin. + án

Beber
To Drink

William bebió otro vaso de agua.
William drank another glass of water.

	Present	Preterite	Imperfect	Future
yo	bebo	bebí	bebía	beberé
tú	bebes	bebiste	bebías	beberás
él/ella/ usted	bebe	bebió	bebía	beberá
nosotros	bebemos	bebimos	bebíamos	beberemos
ustedes/ ellos/ellas	beben	bebieron	bebían	beberán

EXAMPLE:

¿Desean beber algo?
Would you like something to drink?

Caber *
To Fit

El zapato no cupo en su pie.
The shoe did not fit her foot.

	Present	Preterite	Imperfect	Future
yo	quepo	cupe	cabía	cabré
tú	cabes	cupiste	cabías	cabrás
él/ella/usted	cabe	cupo	cabía	cabrá
nosotros	cabemos	cupimos	cabíamos	cabremos
ustedes/ellos/ellas	caben	cupieron	cabían	cabrán

EXAMPLE:

Estos zapatos no me caben porque son muy pequeños.
The shoes do not fit because they are too small.

Caer(se) *
To Fall

El hombre se cayó de la escalera.
The man fell off of the ladder.

Caer (se) *

	Present	Preterite	Imperfect	Future
yo	caigo	caí	caía	caeré
tú	caes	caíste	caías	caerás
él/ella/ usted	cae	cayó	caía	caerá
nosotros	caemos	caímos	caíamos	caeremos
ustedes/ ellos/ellas	caen	cayeron	caían	caerán

EXAMPLE:

La manzana cayó del árbol.
The apple fell off the tree.

Coger *
To Grab

El hombre cogió la bolsa llena de dinero.
The man grabbed the bag full of money.

Coger *

	Present	Preterite	Imperfect	Future
yo	cojo	cogí	cogía	cogeré
tú	coges	cogiste	cogías	cogerás
él/ella/ usted	coge	cogió	cogía	cogerá
nosotros	cogemos	cogimos	cogíamos	cogeremos
ustedes/ ellos/ellas	cogen	cogieron	cogían	cogerán

EXAMPLE:

Coges la chaqueta antes de que
se caiga de la silla.
Grab the jacket before it falls off the chair.

Comer
To Eat

Comeré un sandwich para el almuerzo.
I will eat a sandwich for lunch.

	Present	Preterite	Imperfect	Future
yo	como	comí	comía	comeré
tú	comes	comiste	comías	comerás
él/ella/ usted	come	comió	comía	comerá
nosotros	comemos	comimos	comíamos	comeremos
ustedes/ ellos/ellas	comen	comieron	comían	comerán

EXAMPLE:

¿Quieres salir a comer algo?
Would you like to go out to eat something?

Comprender
To Understand

James comprendió las matemáticas muy bien.
James understood mathematics very well.

	Present	Preterite	Imperfect	Future
yo	comprendo	comprendí	comprendía	comprenderé
tú	comprendes	comprendiste	comprendías	comprenderás
él/ella/ usted	comprende	comprendió	comprendía	comprenderá
nosotros	comprendemos	comprendimos	comprendíamos	comprenderemos
ustedes/ ellos/ellas	comprenden	comprendieron	comprendían	comprenderán

EXAMPLE:

No comprendo esta ecuación matemática.
I do not understand this math equation.

Conocer (se) *
To Know

Los chicos se conocían desde antes del año escolar.
The boys had known each other before this school year.

	Present	Preterite	Imperfect	Future
yo	conozco	conocí	conocía	conoceré
tú	conoces	conociste	conocías	conocerás
él/ella/ usted	conoce	conoció	conocía	conocerá
nosotros	conocemos	conocimos	conocíamos	conoceremos
ustedes/ ellos/ellas	conocen	conocieron	conocían	conocerán

EXAMPLE:

¿Conoces a mi prima Giselle?
How do you know my cousin Giselle?

Correr
To Run

Elena corre muy rápido.
Elena runs very fast.

	Present	Preterite	Imperfect	Future
yo	corro	corrí	corría	correré
tú	corres	corriste	corrías	correrás
él/ella/usted	corre	corrió	corría	correrá
nosotros	corremos	corrimos	corríamos	correremos
ustedes/ellos/ellas	corren	corrieron	corrían	correrán

To Run

EXAMPLE: Cynthia tuvo que correr para llegar al tren a tiempo.
Cynthia had to run to catch her train on time.

Creer
To Believe

Creo en Papá Noel.
I believe in Santa Claus.

	Present	Preterite	Imperfect	Future
yo	creo	creí	creía	creeré
tú	crees	creíste	creías	creerás
él/ella/ usted	cree	creyó	creía	creerá
nosotros	creemos	creímos	creíamos	creeremos
ustedes/ ellos/ellas	creen	creyeron	creían	creerán

EXAMPLE:

Es difícil creer que Elvis está muerto.
It is hard to believe that Elvis is dead.

Deber
To Owe

Susan debe plata en su factura eléctrica.
Susan owes money on her electric bill.

	Present	Preterite	Imperfect	Future
yo	debo	debí	debía	deberé
tú	debes	debiste	debías	deberás
él/ella/usted	debe	debió	debía	deberá
nosotros	debemos	debimos	debíamos	deberemos
ustedes/ellos/ellas	deben	debieron	debían	deberán

To Owe

EXAMPLE:

Te debo por comprarme el almuerzo.
I owe you for buying me lunch.

Entender *
To Understand

Sara entendió como Claudia
se sentía.
**Sara understood how Claudia
was feeling.**

	Present	Preterite	Imperfect	Future
yo	entiendo	entendí	entendía	entenderé
tú	entiendes	entendiste	entendías	entenderás
él/ella/ usted	entiende	entendió	entendía	entenderá
nosotros	entendemos	entendimos	entendíamos	entenderemos
ustedes/ ellos/ellas	entienden	entendieron	entendían	entenderán

EXAMPLE:

¿Tengo que entender que no quieres venir?
Am I to understand that you don't want to go?

Escoger *
To Choose

Escogeré la segunda manzana.
I will choose the second apple.

	Present	Preterite	Imperfect	Future
yo	escojo	escogí	escogía	escogeré
tú	escoges	escogiste	escogías	escogerás
él/ella/usted	escoge	escogió	escogía	escogerá
nosotros	escogemos	escogimos	escogíamos	escogeremos
ustedes/ellos/ellas	escogen	escogieron	escogían	escogerán

EXAMPLE:

Yo escogí el mismo sabor de helado como mi hermano.
I chose the same ice cream flavor as my brother.

Hacer *
To Do/ Make

El chico hizo la casa de los pájaros sólo.
The boy made the birdhouse all by himself.

	Present	Preterite	Imperfect	Future
yo	hago	hice	hacía	haré
tú	haces	hiciste	hacías	harás
él/ella/ usted	hace	hizo	hacía	hará
nosotros	hacemos	hicimos	hacíamos	haremos
ustedes/ ellos/ellas	hacen	hicieron	hacían	harán

EXAMPLE:
Hice galletas para venderlas.
I made cookies in order to sell them.

Leer
To Read

Henry lee el periódico todas las mañanas.
Henry reads the newspaper every morning.

	Present	Preterite	Imperfect	Future
yo	leo	leí	leía	leeré
tú	lees	leíste	leías	leerás
él/ella/usted	lee	leyó	leía	leerá
nosotros	leemos	leímos	leíamos	leeremos
ustedes/ellos/ellas	leen	leyeron	leían	leerán

EXAMPLE:

Leí este libro.
I read this book.

To Read

Meter
To Put

Metió el apio en la bolsa.
She put the celery in the bag.

	Present	Preterite	Imperfect	Future
yo	meto	metí	metía	meteré
tú	metes	metiste	metías	meterás
él/ella/ usted	mete	metió	metía	meterá
nosotros	metemos	metimos	metíamos	meteremos
ustedes/ ellos/ellas	meten	metieron	metían	meterán

To Put

EXAMPLE:

Joe mete la caja de nuevo en la estantería.
Joe puts the box back on the shelf.

Parecer *
To Seem

El decorado de la película
parecía real.
The movie set seemed real.

Parecer *

	Present	Preterite	Imperfect	Future
yo	parezco	parecí	parecía	pareceré
tú	pareces	pareciste	parecías	parecerás
él/ella/ usted	parece	pareció	parecía	parecerá
nosotros	parecemos	parecimos	parecíamos	pareceremos
ustedes/ ellos/ellas	parecen	parecieron	parecían	parecerán

EXAMPLE:

Este pan parece rancio.
This bread seems stale.

Poder *
To Be Able To

Podía levantar muchas pesas.
He was able to lift a lot of weight.

	Present	Preterite	Imperfect	Future
yo	puedo	pude	podía	podré
tú	puedes	pudiste	podías	podrás
él/ella/ usted	puede	pudo	podía	podrá
nosotros	podemos	pudimos	podíamos	podremos
ustedes/ ellos/ellas	pueden	pudieron	podían	podrán

EXAMPLE:
No puedo correr porque me hice daño a la rodilla.
I am not able to run because I hurt my knee.

Poner *
To Put

El niño puso de nuevo el libro en la estantería.
The boy put the book back on the shelf.

Poner *

	Present	Preterite	Imperfect	Future
yo	pongo	puse	ponía	pondré
tú	pones	pusiste	ponías	pondrás
él/ella/ usted	pone	puso	ponía	pondrá
nosotros	ponemos	pusimos	poníamos	pondremos
ustedes/ ellos/ellas	ponen	pusieron	ponían	pondrán

EXAMPLE:

Pondré más especies en la sopa.
I will put more spices in this soup.

Querer *
To Want/ To Love

Mi hermanito quiere una galleta.
My little brother really wants a cookie.

	Present	Preterite	Imperfect	Future
yo	quiero	quise	quería	querré
tú	quieres	quisiste	querías	querrás
él/ella/ usted	quiere	quiso	quería	querrá
nosotros	queremos	quisimos	queríamos	querremos
ustedes/ ellos/ellas	quieren	quisieron	querían	querrán

EXAMPLE:

Quiero flan.
I want some flan.

Romper
To Break

Rompí el lápiz por la mitad.
I broke the pencil in half.

	Present	Preterite	Imperfect	Future
yo	rompo	rompí	rompía	romperé
tú	rompes	rompiste	rompías	romperás
él/ella/ usted	rompe	rompió	rompía	romperá
nosotros	rompemos	rompimos	rompíamos	romperemos
ustedes/ ellos/ellas	rompen	rompieron	rompían	romperán

EXAMPLE:

Rompí un vaso de vino sin querer.
I accidentally broke the wine glass.

Saber *
To Know

Richard sabía la respuesta y
levantó la mano.
Richard knew the answer so
he raised his hand.

	Present	Preterite	Imperfect	Future
yo	sé	supe	sabía	sabré
tú	sabes	supiste	sabías	sabrás
él/ella/usted	sabe	supo	sabía	sabrá
nosotros	sabemos	supimos	sabíamos	sabremos
ustedes/ellos/ellas	saben	supieron	sabían	sabrán

EXAMPLE:

¿Sabes cómo manejar un carro de marchas?
Do you know how to drive a manual car?

Ser *
To Be

Soy un niño.
I am a boy.

	Present	Preterite	Imperfect	Future
yo	soy	fui	era	seré
tú	eres	fuiste	eras	serás
él/ella/usted	es	fue	era	será
nosotros	somos	fuimos	éramos	seremos
ustedes/ellos/ellas	son	fueron	eran	serán

EXAMPLE:

Mi hija es una guitarrista excelente.
My daughter is an excellent guitarist.

Tener *
To Have

Tengo una pelota de
baloncesto.
I have a basketball.

Tener *

	Present	Preterite	Imperfect	Future
yo	tengo	*I had* tuve	tenía	tendré
tú	tienes	tuviste	tenías	tendrás
él/ella/ usted	tiene	tuvo	tenía	tendrá
nosotros	tenemos	tuvimos	teníamos	tendremos
ustedes/ ellos/ellas	tienen	tuvieron	tenían	tendrán

EXAMPLE:

¿Tienes hermanos o hermanas?
Do you have any brothers or sisters?

Traer *
To Bring

El perro me trae el periódico.
The dog is bringing me the newspaper.

	Present	Preterite	Imperfect	Future
yo	traigo	traje	traía	traeré
tú	traes	trajiste	traías	traerás
él/ella/ usted	trae	trajo	traía	traerá
nosotros	traemos	trajimos	traíamos	traeremos
ustedes/ ellos/ellas	traen	trajeron	traían	traerán

EXAMPLE:

¿Me trae un té frío, por favor?
Could you bring me an iced tea, please?

Vender
To Sell

Vendía limonada de pequeño.
I used to sell lemonade as a child.

	Present	Preterite	Imperfect	Future
yo	vendo	vendí	vendía	venderé
tú	vendes	vendiste	vendías	venderás
él/ella/usted	vende	vendió	vendía	venderá
nosotros	vendemos	vendimos	vendíamos	venderemos
ustedes/ellos/ellas	venden	vendieron	vendían	venderán

EXAMPLE:

Me vendió una colección entera de equipaje de viaje.
He sold me an entire line of luggage.

Ver
To See

Veo el oceáno desde aquí.
I see the ocean from here.

	Present	Preterite	Imperfect	Future
yo	veo	vi	veía	veré
tú	ves	viste	veías	verás
él/ella/ usted	ve	vio	veía	verá
nosotros	vemos	vimos	veíamos	veremos
ustedes/ ellos/ellas	ven	vieron	veían	verán

EXAMPLE:

Veo las montañas desde mi ventana.
I see the mountains from my window.

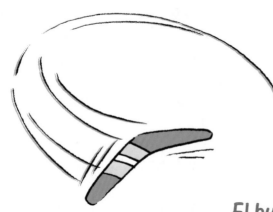

Volver *
To Return

El bumerán volvió al mismo
lugar de donde vino.
The boomerang returned to the
same spot it was thrown from.

	Present	Preterite	Imperfect	Future
yo	vuelvo	volví	volvía	volveré
tú	vuelves	volviste	volvías	volverás
él/ella/ usted	vuelve	volvió	volvía	volverá
nosotros	volvemos	volvimos	volvíamos	volveremos
ustedes/ ellos/ellas	vuelven	volvieron	volvían	volverán

EXAMPLE:

Vuelvo a casa del trabajo por la noche.
I return home from work at night.

IR Verbs

Like both the AR and ER verbs, many IR verbs (i.e. dormir, pedir, sentir) follow a particular pattern of conjugation. Make sure to memorize the IRREGULAR verbs, denoted by an asterisk (*).

IR Verbs		Present	Preterite	Imperfect	Future
yo	I	root + o	root + í	root + ía	infin. + é
tú	you	root + es	root + iste	root + ías	infin. + ás
él/ ella/ usted	he/she/you (formal)	root + e	root + ío	root + ía	infin. + á
nosotros	we	root + imos	root + imos	root + íamos	infin. + emos
ustedes/ ellos/ellas	you all/they (masc./fem.)	root + en	root + eron	root + ían	infin. + án

Abrir *
To Open

Joseph abrió la caja fuerte.
Joseph opened the vault.

	Present	Preterite	Imperfect	Future
yo	abro	abrí	abría	abriré
tú	abres	abriste	abrías	abrirás
él/ella/ usted	abre	abrió	abría	abrirá
nosotros	abrimos	abrimos	abríamos	abriremos
ustedes/ ellos/ellas	abren	abrieron	abrían	abrirán

EXAMPLE:

Abrí esta botella de agua.
I opened this bottle of water

Decir *
To Say

Ana dijo que estaría aquí.
Ana said she would be there.

	Present	Preterite	Imperfect	Future
yo	digo	dije	decía	diré
tú	dices	dijiste	decías	dirás
él/ella/usted	dice	dijo	decía	dirá
nosotros	decimos	dijimos	decíamos	diremos
ustedes/ellos/ellas	dicen	dijeron	decían	dirán

To Say

Michael dijo que esta película era muy buena.
Michael said this was a good film.

EXAMPLE:

Dormir *
To Sleep

El chico durmió diez horas.
The boy slept for ten hours.

	Present	Preterite	Imperfect	Future
yo	duermo	dormí	dormía	dormiré
tú	duermes	dormiste	dormías	dormirás
él/ella/ usted	duerme	durmió	dormía	dormirá
nosotros	dormimos	dormimos	dormíamos	dormiremos
ustedes/ ellos/ellas	duermen	durmieron	dormían	dormirán

EXAMPLE:

Leo duerme hasta tarde por las mañanas.
Leo sleeps late in the mornings.

Escribir
To Write

Me escribió una carta de recomendación.
She wrote a letter of recommendation for me.

	Present	Preterite	Imperfect	Future
yo	escribo	escribí	escribía	escribiré
tú	escribes	escribiste	escribías	escribirás
él/ella/ usted	escribe	escribió	escribía	escribirá
nosotros	escribimos	escribimos	escribíamos	escribiremos
ustedes/ ellos/ellas	escriben	escribieron	escribían	escribirán

EXAMPLE:

Mi padre escribió una carta al jefe.
My father wrote a letter to the manager.

Ir*
To Go

Va por ese camino.
She is going that way.

	Present	Preterite	Imperfect	Future
yo	voy	fui	iba	iré
tú	vas	fuiste	ibas	irás
él/ella/ usted	va	fue	iba	irá
nosotros	vamos	fuimos	íbamos	iremos
ustedes/ ellos/ellas	van	fueron	iban	irán

EXAMPLE:

Iré a la escuela mañana.
I will be going to school tomorrow.

Oír *
To Hear

George oyó el viento fuera.
George heard the wind outside his door.

	Present	Preterite	Imperfect	Future
yo	oigo	oí	oía	oiré
tú	oyes	oíste	oías	oirás
él/ella/ usted	oye	oyó	oía	oirá
nosotros	oímos	oímos	oíamos	oiremos
ustedes/ ellos/ellas	oyen	oyeron	oían	oirán

EXAMPLE:

¿Tú oíste que habrá nieve la semana que viene?
You heard there will be snow next week?

Pedir *
To Ask For

Andrew le pidió a su padre
las llaves.
**Andrew asked his father
for the car keys.**

	Present	Preterite	Imperfect	Future
yo	pido	pedí	pedía	pediré
tú	pides	pediste	pedías	pedirás
él/ella/ usted	pide	pidió	pedía	pedirá
nosotros	pedimos	pedimos	pedíamos	pediremos
ustedes/ ellos/ellas	piden	pidieron	pedían	pedirán

EXAMPLE:

Pedí café, pero me trajeron té.
I asked for a coffee but they brought me a tea.

Salir *
To Leave

Sales por esa puerta.
Leave through this door.

 Salir *

	Present	Preterite	Imperfect	Future
yo	salgo	salí	salía	saldré
tú	sales	saliste	salías	saldrás
él/ella/usted	sale	salió	salía	saldrá
nosotros	salimos	salimos	salíamos	saldremos
ustedes/ellos/ellas	salen	salieron	salían	saldrán

EXAMPLE:

Salgo del trabajo para ir al médico.
I leave to go to the doctor's.

Seguir *
To Follow

Philip siguió a Daniel hasta el supermercado.
Philip followed Daniel to the market.

	Present	Preterite	Imperfect	Future
yo	sigo	seguí	seguía	seguiré
tú	sigues	seguiste	seguías	seguirás
él/ella/usted	sigue	siguió	seguía	seguirá
nosotros	seguimos	seguimos	seguíamos	seguiremos
ustedes/ellos/ellas	siguen	siguieron	seguían	seguirán

EXAMPLE:

Seguí a mi hermana a su casa.
I followed my sister to her house.

Sentir *
To Feel

Sentí el papel de lija y
estaba muy áspero.
I felt the sandpaper and it
was rough.

Sentir

	Present	Preterite	Imperfect	Future
yo	siento	sentí	sentía	sentiré
tú	sientes	sentiste	sentías	sentirás
él/ella/usted	siente	sintió	sentía	sentirá
nosotros	sentimos	sentimos	sentíamos	sentiremos
ustedes/ellos/ellas	sienten	sintieron	sentían	sentirán

To Feel

EXAMPLE:

¿Cómo te sientes después de haber corrido un maratón?
How do you feel after running a marathon?

Servir *
To Serve

La mesera nos sirvió la cena.
The waiter served us dinner.

	Present	Preterite	Imperfect	Future
yo	sirvo	serví	servía	serviré
tú	sirves	serviste	servías	servirás
él/ella/ usted	sirve	sirvió	servía	servirá
nosotros	servimos	servimos	servíamos	serviremos
ustedes/ ellos/ellas	sirven	sirvieron	servían	servirán

EXAMPLE:

La mesera nos sirvió muy rápidamente.
The waiter served us very quickly.

Subir
To Go Up

El ascensor sube hasta el
sexto piso.
**The elevator is going up to the
sixth floor.**

Subir

212

	Present	Preterite	Imperfect	Future
yo	subo	subí	subía	subiré
tú	subes	subiste	subías	subirás
él/ella/usted	sube	subió	subía	subirá
nosotros	subimos	subimos	subíamos	subiremos
ustedes/ellos/ellas	suben	subieron	subían	subirán

EXAMPLE:

Subo a la sexta planta.
I go up to the sixth floor.

Venir *
To Come

La mujer viene hacia aquí.
The woman is coming this way.

	Present	Preterite	Imperfect	Future
yo	vengo	vine	venía	vendré
tú	vienes	viniste	venías	vendrás
él/ella/ usted	viene	vino	venía	vendrá
nosotros	venimos	vinimos	veníamos	vendremos
ustedes/ ellos/ellas	vienen	vinieron	venían	vendrán

EXAMPLE:

¿Vendrás para cenar?
Will you come over for dinner?

Vivir
To Live

Mi abuelo vivió hasta los cien años.
My grandfather lived to be one hundred.

	Present	Preterite	Imperfect	Future
yo	vivo	viví	vivía	viviré
tú	vives	viviste	vivías	vivirás
él/ella/ usted	vive	vivió	vivía	vivirá
nosotros	vivimos	vivimos	vivíamos	viviremos
ustedes/ ellos/ellas	viven	vivieron	vivían	vivirán

EXAMPLE:

Viviré en una mansión.
I will live in a mansion.

Glossary

AR Verbs

Anotar	To Note
Andar	To Walk
Ayudar	To Help
Bajar	To Go Down
Buscar	To Look For
Cambiar(se)	To Change
Cansar(se)	To Tire
Cantar	To Sing
Cerrar *	To close
Comenzar *	To Begin
Comprar	To Buy
Costar *	To Cost
Cuidar	To Take Care Of
Dar	To Give
Dejar	To Leave Behind
Despertarse *	To Wake Up
Disfrutar	To Enjoy
Durar	To Last
Echar	To Throw / Fling
Encantar	To Enchant
Encontrar *	To Find
Escuchar	To Listen To
Esperar	To Wait For
Estudiar	To Study
Funcionar	To Function

Glossary

Guardar	To Guard	Pagar	To Pay
Hablar	To Speak	Parar	To Stop
Jugar *	To Play	Pensar *	To Think
Lavar	To Wash	Preguntar	To Question
Llamar	To Call	Prestar	To Loan
Llegar	To Arrive	Probar *	To Try/Test
Llevar	To Take/ Carry	Quedar	To Stay
Lograr	To Achieve	Recordar *	To Remember
Mandar	To Order/ Send	Regresar	To Return
Manejar	To Drive/ Handle	Sacar	To Take Out
Mirar	To Look At	Sentarse *	To Sit Down
Necesitar	To Need	Tardar	To Delay / To Last
Olvidar(se)	To Forget		
Ordenar	To Order /Arrange	Terminar	To Finish

Glossary

Tirar..............To Throw
Tocar ....To Touch/ Play
Tomar.............To Take
Trabajar..........To Work
Tratar ....To Try or
                    To Treat

ER Verbs

Beber.............To Drink
Caber * ....To Fit
Caer(se) * ....To Fall
Coger * ....To Grab
Comer ....To Eat
Comprender........To Understand

Conocer * ....To Know
                    (familiar)
Correr ....To Run
Creer ....To Believe
Deber.............To Owe
Entender * ....To Understand
Escoger *..........To Choose
Hacer * ....To Do/ Make
Leer ....To Read
Meter.............To Put In
Parecer *.........To Seem
Poder * ....To Be Able To
Poner * ....To Put
Querer * ....To Want

Glossary

Romper . . . . To Break
Saber* . . . . To Know
Ser * . . . . To Be
Tener * . . . . To Have
Traer * . . . . To Bring
Vender . . . . To Sell
Ver . . . . To See
Volver * . . . . To Return

IR Verbs

Abrir * . . . . To Open
Decir * . . . . To Say
Dormir * . . . . To Sleep

Escribir . . . . To Write
Ir* . . . . To Go
Oír * . . . . To Hear
Pedir * . . . . To Ask For
Salir * . . . . To Leave
Seguir * . . . . To Follow
Sentir * . . . . To Feel
Servir * . . . . To Serve
Subir . . . . To Go Up
Venir . . . . To Come
Vivir . . . . To Live